# Sua mágica diária

thais galassi

# Sua mágica diária

CONTEÚDO E EDIÇÕES

1.ª edição | 2020

*Revisão*
Marcus Vinicius Batista

*Diagramação - miolo*
Beth Soares

*Capa | Ilustrações miolo*
Kitty Yoshioka

*Foto - Orelha*
João Guilherme Peixoto

Catalogação na fonte
Bibliotecária Janaina Ramos – CRB-8/9166

---

G146

Galassi, Thais

Sua mágica diária | Thais Galassi – Santos: Ateliê de Palavras, 2020.
101p.; 12x17cm

ISBN 978-65-86575-01-9

1. Autoajuda. 2. Meditação. 3. Qualidade de vida. 4. Desenvolvimento Pessoal. 5. Autoconhecimento. I. Galassi, Thais. II. Titulo.

CDD 158.2

---

Índice para catálogo sistemático
I. Autoajuda : Autoconhecimento : Desenvolvimento Pessoal

Ateliê de Palavras
ateliedepalavras.com
editora@ateliedepalavras.com

# Agradecimentos

*São muitas as pessoas que eu poderia agradecer e que fizeram parte deste meu primeiro projeto literário, entre profissionais talentosos, meus familiares e tantas outras pessoas igualmente importantes na minha trajetória de evolução.*

*Agradeço especialmente ao meu eterno namorado Sérgio; meus filhos, Isabela e Thales, meu querido pai Beto, minha amada mãe Luciane e minha avó inspiradora Marina.*

# Introdução

Todos nós esperamos ou acreditamos que, em situações desafiadoras em nossa vida, aconteça um milagre. Pelo menos, essa é a nossa esperança.

Mas a **mágica** só acontece se você **acreditar verdadeiramente** em um poder maior que sempre sabe o que você está passando neste exato momento.

Para se conectar com esse poder maior, também é preciso usar seus poderes interiores, que vão buscar com sabedoria as soluções que você precisa.

O objetivo deste livro é ajudar você a se conectar com sua essência e sua intuição. Que elas possam te guiar para abrir o livro na página que terá a mensagem que você mais precisa.

Então, feche os olhos, faça cinco longas e calmas respirações, mentalize a sua situação atual e abra o livro em qualquer página.

Você irá se surpreender com a mágica da mensagem reservada especialmente para você.

E faça isso todos os dias que precisar!

# Descubra sua missão

Você está feliz hoje? Com o seu trabalho, sua rotina, sua vida?

Você está usando todos os seus talentos?

Se as respostas a estas questões forem "não ou "não sei", talvez seja a hora de você repensar algumas coisas.

Todos temos talentos especiais, prontos para serem colocados em prática.

Mas isso só vai acontecer se você souber qual a sua verdadeira missão.

Descubra seu chamado, onde toca a sua essência e, se for preciso, mude.

Mas não espere que a mudança venha dos outros. Faça você a mudança em sua vida, mesmo que de maneira gradual.

Só quem sabe a sua verdadeira missão pode deixar um legado.

# Medite

Muitas pessoas acham que meditar é não pensar em nada. Mas, para a natureza da nossa mente, isso é impossível.

Assim, meditar é ponderar, pensar sobre algo.

Meditar é olhar para dentro de você mesmo, contemplar seu templo, observar sem julgar, se conhecer.

Mesmo que você se julgue incapaz de ficar só em silêncio, tente meditar.

Fique com a sua atenção apenas no presente. Treine sua mente para que ela funcione exatamente para o que foi criada.

A meditação evita que você aja por impulso, cedendo à emoção.

Traga a meditação para o dia a dia.

Garanto que você não vai mais querer parar.

# Tenha um diário

A cura pela palavra é um princípio fundamental da psicanálise.

Quem anota as suas emoções, boas ou ruins, pode se sentir mais aliviado e afastar coisas e situações que causam sentimentos negativos.

Não é por acaso que "livro" se chama livro (quando escrevo, eu me livro de muita coisa).

Crie o hábito de escrever um diário, mais para registrar, e não para julgar.

Num dia não tão bom, a leitura no diário de um dia maravilhoso ajuda você a lembrar que tudo passa ou muda.

Histórias influenciam muito a vida das pessoas.

Que tal começar a escrever a sua?

# Dê mais risadas

Rir é cura para o corpo e para alma.

A risada causa boas e fortes emoções, melhorando nosso humor e até nossa criatividade.

Mesmo quando estamos tristes, um sorriso pode mudar tudo.

Rir libera um hormônio chamado serotonina, ligado diretamente à sensação de bem-estar.

Quando você enxerga o lado positivo das coisas e ri, estimula o cérebro a mudar sua reação às situações aparentemente desagradáveis.

Ria e faça os outros rirem mais.

Não é à toa que dizem que rir é o melhor remédio.

Desejo que você ria muito hoje.

# Dance mais

Você se lembra daquela música que toca sua alma, te trazendo boas memórias?

Quando cantamos, extravasamos nossas emoções.

Como diz o ditado: quem canta seus males espanta.

Isso acontece porque a música sempre melhora o humor, eleva a qualidade de vida, além de colocar um sorriso bem bonito no rosto.

Hoje, faça uma seleção com suas músicas favoritas.

Deixe a mágica da música te contagiar.

Ouça, sinta e dance!

Garanto que você vai se sentir viva, cheia de energia e felicidade.

# Vença seus medos

Fazer as coisas sempre do mesmo jeito pode nos trazer mais segurança, mas também deixa o seu cérebro mais preguiçoso, impedindo-o de enxergar o quanto você é um ser de infinitas possibilidades.

Viver é um desafio e exige que você saia da sua zona de conforto.

Lembre-se de que os medos que paralisam você são somente pensamentos e emoções que podem ser mudados quando você quiser.

Então, desafie-se um pouco mais todos os dias.

Faça coisas novas, estabeleça novas metas e vá além do seu próprio horizonte.

Tudo o que você sempre quis pode estar do outro lado do seu medo.

Qual será seu desafio hoje?

# Ajude alguém

Com o *stress* do dia a dia e as obrigações cada vez mais complexas, uma das poucas ferramentas para nos sentirmos gratos e felizes é fazer algo pelos outros.

Quando ajudamos alguém, nos conectamos com essa pessoa, e isso nos deixa energeticamente mais fortes, construindo um mundo melhor para todos nós.

Assim, ajudar não é bom apenas para quem recebe a ajuda, mas também para quem doa.

E não é preciso muito; você pode ajudar de diversas maneiras. Coisas simples como um sorriso, uma palavra, um gesto ou uma pequena gentileza podem mudar a vida de outra pessoa.

E quando você é generoso com os outros, eles também são com você.

Lembre-se: pessoas felizes são mais propensas a ajudar.

Então, quem você vai ajudar hoje?

# Aprecie o processo

Realizar as nossas metas traz sempre satisfação e felicidade.

O problema é que a busca incessante para alcançar os objetivos e cumprir metas está deixando as pessoas obcecadas pelo final, ou seja, importam-se apenas em atingir o objetivo estabelecido.

Muitas vezes, estamos tão focados no objetivo final que não curtimos o processo que leva até ele. E o processo é muito importante, pois a cada meta cumprida você se descobre e se desenvolve mais, usando sua criatividade e percebendo novas habilidades.

Desfrutar a jornada, estar no presente fazendo dessa caminhada por si só uma recompensa, é o grande lance da vida!

Aproveite a estrada da sua vida para olhar para os lados e curtir a paisagem, apreciando o exato momento em que você está agora.

Você irá se surpreender com a mágica de observar o caminho, sem se preocupar com a chegada.

# Faça três elogios diários a você mesmo

Criamos nosso estado emocional e comportamentos através dos nossos pensamentos. Sabendo disso, por que não começar a ouvir de você mesmo um elogio?

O elogio muda sua fisiologia e as suas representações internas sobre você mesmo, fazendo com que você comece a enxergar mais pontos positivos em você. Isso eleva sua autoestima.

Como você se vê hoje? Quais são suas qualidades?

Sabe, aquilo que só você sabe fazer.

Busque na sua memória todos os dias coisas boas sobre você.

E se faça pelo menos três elogios diários.

Você pode se surpreender com as qualidades que tem e até se lembrar daquelas que já tinha se esquecido.

# Cuide do seu corpo

Nosso corpo merece ser tratado como um templo sagrado.

Mente sã, corpo são.

Movimentar o corpo, seja praticando atividade física, dançando ou fazendo algum esporte, além de deixar você mais saudável, desenvolve sua criatividade, fortalecendo o corpo e a mente.

Aposte na sua qualidade de vida, equilibrando sua alimentação, investindo em alimentos benéficos para seu corpo.

É melhor gastar tempo com atividades que irão te dar prazer hoje do que com doenças amanhã.

Um corpo saudável é um corpo bonito.

# Use sua intuição

Sua intuição é seu guia interior, sua melhor fonte de sabedoria.

Na correria do dia a dia, deixamos de nos conectar com essa verdadeira essência, nos tornando incapazes de ouvir nossa intuição.

Se você busca abundância, prosperidade e realização, ouça sua intuição, ouça essa sabedoria interior que você tem.

Basta estar com a mente serena e fazer as perguntas certas para você mesma, que ouvirá a voz em forma de pensamentos.

Então, quando precisar se conectar com sua intuição, procure um lugar calmo, respire tranquilamente e deixe a sabedoria intuitiva da sua alma guiar você a tomar a melhor decisão.

Acredite, todas as respostas que busca estão dentro de você.

# Sonhe grande

Você nunca chegará mais alto do que o alcance de seus próprios pensamentos.

Então, alimente sua mente com sonhos grandes e com pensamentos positivos.

Você muda o que acontece no seu mundo interior, livrando sua mente de pensamentos negativos e sonhos limitantes.

Se você pode sonhar, você pode ter.

Além do mais, sonhar grande dá o mesmo trabalho de sonhar pequeno.

Tenha sonhos ousados, mesmo que no presente as coisas ainda não estejam como gostaria.

Hoje se permita sonhar grande.

# Fale com sua criança interior

Já imaginou se você pudesse se encontrar hoje com sua própria versão ainda criança?

Você estaria orgulhoso do adulto em que se transformou?

Faça um teste, feche seus olhos e imagine agora você bem pequenininho sentado à sua frente e diga à sua criança interior que sempre fez o melhor que podia. Abrace-a, sentindo seu coração bater, e experimente a sensação de paz e cura.

Acolha essa criança e diga que está tudo bem. Ela está segura com seu amor.

E sinta um sentimento de gratidão preenchendo todo seu corpo.

Traga lentamente essa sensação de alívio e tranquilidade e saiba que, toda vez que precisar se encontrar novamente com essa criança, basta fechar os olhos e se conectar.

Esse encontro mágico pode acontecer sempre que você quiser, aproveite.

# Comece o dia feliz

Nas primeiras horas da manhã, o tempo parece passar mais lentamente.

Você consegue ouvir o som dos pássaros acordando e quebrando o silêncio gostoso que precede o despertar da cidade.

A oportunidade de ver o sol nascendo deixa você conectada com a energia da natureza que sempre traz uma sensação de paz.

Você pode aproveitar esse tempo fora da cama para meditar, tomar um café da manhã mais tranquilo e prolongado, planejar adequadamente seu dia, namorar; enfim, fazer coisas para te deixar mais conectada com sua essência.

Crie o hábito de se levantar mais cedo e curtir a mágica que isso pode trazer para o seu dia.

# Aprecie o silêncio

Estamos tão acostumados com os barulhos do trânsito, das pessoas, TV, música, eletrodomésticos, barulho de tudo, que não nos damos conta de quando nos encontramos em silêncio.

A idéia de ficar em silêncio pode parecer simples, mas não aprendemos a fazer isso naturalmente.

Qual foi a última vez que você conseguiu ficar em silêncio e apreciar este momento?

Apreciar o silêncio faz com que você treine sua mente para não reagir a qualquer provocação, permitindo que você pense com mais clareza.

Aprender a gostar do silêncio pode trazer *insights* mágicos para sua vida.

Não é à toa que temos dois ouvidos e apenas uma boca. Então, ouça mais e fale menos.

Se a palavra é de prata, o silêncio é de ouro.

# Controle a ansiedade

A ansiedade é um sofrimento por antecipação, uma angústia por controle que limita suas ações.

Sabendo disso, a melhor pergunta a se fazer nessa situação é: o que eu posso fazer agora, neste exato momento, para resolver isso que me preocupa?

Se você tem a resposta, resolva! Se não, simplesmente jogue a solução para o universo e acredite que tudo vai se resolver da melhor maneira possível.

De que adianta se preocupar com algo que você não tem como controlar ou resolver hoje?

Concentre-se no presente, no agora, naquilo que você está fazendo. Isso alivia a preocupação e faz com que você execute o que está fazendo da melhor maneira possível.

Respire, esteja no agora e curta a jornada.

Acredite verdadeiramente: tudo sempre dá certo no final.

# Tenha um mentor

Se você deseja alcançar um nível de excelência tanto profissional como pessoal, tenha um mentor para te ajudar.

Uma pessoa que pode direcionar você no melhor caminho, com as melhores estratégias para que você alcance seu estado desejado com mais eficácia e em menor tempo.

O mentor ilumina seu trajeto, dando coragem para você chegar lá em momentos difíceis e te guiando para potencializar seus pontos fortes rumo ao objetivo traçado.

Peça ajuda a pessoas que você considera que têm excelência na vida e, principalmente, na área que você quer evoluir.

Aproveite as orientações como se devorasse um livro preferido.

Você irá se surpreender com as mágicas que acontecerão na sua vida.

# Não dê importância para o que o outro pensa de você

A pior atitude que você pode ter na vida é deixar de fazer algo que queira por medo do que os outros irão pensar de você.

Trabalhe sua autoestima para conseguir viver de forma independente, para fazer o que tem vontade, sem se importar com a opinião alheia.

Comece a pensar mais em você, saindo da sua zona de conforto e parando de fazer tudo só para conseguir a aprovação dos demais.

Sempre existirão aqueles que, independentemente do que você fizer, só verão o lado negativo das suas ações.

As pessoas só se intrometem na sua vida se você permite ou demonstra insegurança.

Vença o medo da não aprovação, mostrando confiança em suas decisões.

E lembre-se: só devem permanecer na sua vida as pessoas que acreditam e apoiam você.

# Ande com pessoas que inspiram você

Se eu te dissesse que somos a média das cinco pessoas com quem mais convivemos, você ficaria assustada ou feliz?

Um ditado popular, muito sábio por sinal, já afirmava: "diga-me com quem andas que te direi quem és".

Quando somos inspirados por alguém, também temos vontade de inspirar outras pessoas.

Assim, busque estar ao lado de pessoas que inspiram você, como se abrissem a janela da sua alma, como se fossem uma luz na sua mente, guiando você na sua jornada.

Não é preciso ser perfeito para inspirar alguém, mas basta ser o melhor se si em todos os momentos. Ande com pessoas que façam você sorrir, que deem sábios conselhos e que consigam influenciar você só pelo próprio comportamento.

Exclua pessoas tóxicas do seu convívio.

Cerque-se de pessoas inspiradoras e dispostas a dividir seus sucessos e fracassos com você.

# Honre sua família

Respeite suas origens.

Honre sua própria família por mais desafiante que seja.

Lembre-se de tudo o que já se passou na sua vida e pense que hoje você não seria essa pessoa forte, se não fosse tudo isso que aconteceu.

Não julgue nada nem ninguém. As pessoas fizeram o melhor que elas podiam naquele momento.

Se perdoe e perdoe sua família, ouvindo-a na essência, com amor.

Sempre que possível, reúna a família e compartilhe as histórias engraçadas que aconteceram com vocês na infância.

Resgate esse amor inocente da infância e se esforce para construir uma vida familiar mais rica e significativa.

Acredite na mágica dos poderes do amor, da memória e do perdão.

# Não leve a vida tão a sério assim

A firme decisão de não se agarrar aos pequenos problemas do dia a dia pode melhorar muito sua vida. Afinal, a vida não precisa ser mais complicada do que já é.

Tentar controlar tudo à sua volta é encarar a vida com muita seriedade, pois quanto mais você tenta controlar as coisas, mais elas fogem do seu controle.

Não lute contra os acontecimentos, mude sua direção diante deles, compreendendo e aceitando o que a vida lhe dá. Concentre-se naquilo que realmente vale a pena para você.

Tire alguns dias de folga, permita-se sorrir mais sem motivo, encare as dificuldades como bençãos, arrisque-se mais, passe um dia sem relógio e não leve a vida tão a sério assim.

Liberte-se, solte as amarras, invista no seu bem-estar e viva da maneira mais plena possível.

Seja leve.

# Viaje mais

*"O mundo é um livro e aquele que não viaja lê sempre a mesma página."* A frase é de Santo Agostinho.

Difícil encontrar alguém que não goste de viajar.

Viajar nos faz mais humildes e, além de nos tirar da nossa zona de conforto diária, ainda nos mostra que o mundo é muito grande e com infinitas possibilidades.

Viajar nos tira da rotina, muitas vezes, tediosa.

Quando você viaja, tem várias experiências diferentes, encontra centenas de pessoas interessantes com quem nunca iria se relacionar se permanecesse na sua cidade.

Sair pode ser a melhor forma de se encontrar. Você experimenta uma culinária diferente, costumes diferentes, línguas diferentes, e pode desenvolver habilidades que nem sabia que tinha.

Viajar é preciso!

# Faça novas amizades

É otimo manter amigos de longa data, mas ninguém pode negar que fazer novas amizades também é muito bom.

Cada pessoa nova que entra na nossa vida nos dá a oportunidade de aprender pelo menos uma lição.

Conhecer pessoas novas dá a você a oportunidade de ter experiências totalmente diferentes das suas, trazendo novas sensações.

Você também trabalha seu poder de confiança, criando um novo laço na esperança de que ele dure para sempre.

Sendo assim, cultive novos amigos, vá a lugares novos, crie conexões com as pessoas, respeitando as diferenças e saindo da sua zona de conforto.

Sempre há espaço para uma nova amizade que tenha a intenção de agregar novos valores à sua vida.

# Seja o amor da sua vida

Passamos muito tempo procurando o amor das nossas vidas, nossa metade, quem nos complete, mas poucos sabem que ele está dentro de nós mesmos.

Quando você dá ao outro o poder de ser o amor da sua vida, você pode estar acabando com a chance de se amar profundamente, e ainda pode se decepcionar.

O maior amor que você precisa para viver está bem aí dentro de você.

Parece clichê, mas você deve se amar primeiro.

Quando você ama mais o outro do que a si mesmo, começa a se anular e a pensar mais no outro do que em você.

Para se amar, você precisa entender quem realmente é. Pratique o autoconhecimento.

Orgulhe-se de quem é você.

Ao trabalhar sua autoestima, você passa a se aceitar mais, a se amar mais e, consequentemente, pode evitar o sofrimento de se perder em um relacionamento com outra pessoa.

# Pratique a riqueza

Riqueza é um substantivo feminino, mas também um conceito relativo para cada pessoa.

Para alguns, ser rico pode simplesmente significar querer ter muito dinheiro. Outros só querem o que o dinheiro pode dar, como poder e segurança.

Então, é preciso que você saiba exatamente o que você quer, decidindo também para onde está indo.

Faça visualizações diárias de todo o cenário, do caminho a percorrer até você atingir o objetivo desejado. Seja grata pela riqueza que tem hoje, mas seja próspera.

Gaste seu dinheiro de forma inteligente e pense em novas formas de ganhar dinheiro nas horas vagas.

Dedique seu tempo a outras atividades além das que você pratica, direcionando-as para serem outra fonte de renda.

Aprenda com quem já é rico, peça ajuda e informações sobre como aquela pessoa chegou lá.

Doe dinheiro também, mesmo que seja pouco, o importante é entrar na lei do retorno. Você dá e recebe muito mais. Parece simples e, na verdade, é.

Aproveite as riquezas mágicas que entrarão na sua vida.

# Conecte-se com a natureza

Quando você se conecta com a natureza, deixa de lado a crença de que você é mais importante e se junta a essa imensidão que é o mundo, entendendo que apenas faz parte dele, assim como os animais e plantas.

Quando você sai do círculo de cobranças, prazos, tarefas e se propõe a passar um tempo apreciando a natureza, observando a grandiosidade do mundo, a complexidade de um flor desabrochando, o som dos pássaros cantando, a beleza da correnteza no riacho, você entra em outra sintonia, na vibração de expansão.

Sua alma se expande quando você coloca os pés descalços na terra e sente a energia da mãe natureza que nutre e alimenta as árvores e plantas.

Você consegue se sentir amparada, segura, entendendo que você também faz parte desse lindo processo.

Essa conexão traz alívio, calma, paz, gratidão e tranquilidade.

Passar algum tempo sozinha, contemplando o imenso universo à sua volta, restaura seu espírito e sua mente.

O resultado acontece quando você liberta sua alma para o caminho de volta ao lar.

# Tire mais fotografias

Acredito que a vida tem que ser vivida em todos os momentos da melhor maneira possível.

Um jeito saudável de se lembrar é justamente registrar esses momentos.

As fotografias captam e fixam nossas melhores lembranças para que possamos reviver várias vezes aqueles momentos especiais.

Crie um albúm com a história da sua vida, coloque nele fotos de você bebê, criança, adolescente e as que você considera mais importantes da sua fase adulta.

Isso dá a você a oportunidade de reviver e mostrar a alguém querido suas próprias transformações, te fazendo refletir sobre o verdadeiro valor das coisas.

Tire mais fotos e eternize bons momentos da sua vida, colecione as fotos que te fazem sorrir, que te fazem chorar; enfim, aprecie sua jornada, relembrando-a através das imagens registradas.

Esteja sempre preparada para tirar fotos e acredite na alegria que terá daqui a alguns anos, quando você vir essas imagens novamente.

# Se você morresse hoje, morreria feliz?

Vivemos num mundo tão maluco que conquistamos coisas enormes, passamos o dia batalhando pelo nosso sucesso, mas somos incapazes de aproveitar as menores coisas da vida, como andar descalça, andar na chuva ou ver o nascer do sol.

Conquistamos altas metas, mas não nos conhecemos na essência. Ou seja, não conquistamos nós mesmas.

Esquecemos que a vida é feita de momentos.

Muitas pessoas, infelizmente, só se lembram disso quando estão próximas da morte. Por isso, não espere o amanhã.

Faça hoje tudo o que sempre sonhou. Não deixe suas vontades para depois.

Será que você estará aqui amanhã? Não espere estar no leito de morte para dar um sentido à vida.

Vá atrás dos seus sonhos, conheça lugares que sempre desejou, faça tudo aquilo que sempre quis.

A felicidade de uma vida é medida através da alegria da sua alma.

Pratique o morrer! Isso mesmo, lembre-se que a qualquer momento você poderá ir embora.

Dê valor à sua vida hoje, a este momento, como o presente mais valioso que você pode ter.

Viva plenamente para, quando esse dia realmente chegar, você estar orgulhosa de ter feito tudo aquilo que estava dentro do seu coração.

# Onde você foca sua atenção, ela cresce

Focamos tanto no que não temos na vida, que nos esquecemos de ser gratos por tudo que possuímos.

Focando sua atenção no que já possui, você se sente mais grato e preenchido, diminuindo sua insatisfação e necessidade de ter cada vez mais.

Em tudo que você coloca sua atenção, mais disso irá se manifestar na sua vida.

Cuidado com os sentimentos de escassez, medo, dúvida, falta, pois - focando nisso - você tende a ter mais disso.

Por isso, relaxe e veja o lado bom de tudo, de como você é sortudo por tudo que possui e sabe que, lá no fundo, irá conquistar muito mais.

Perceba que, vibrando na sintonia da gratidão, você pode receber mais do universo.

Observe sua intenção e a coloque no que realmente você quer que cresça na sua vida.

# Mude sua vibração, mude sua vida

Vibração é a energia que você sente, gerada por um pensamento ou situação que te traz emoção e te leva a agir.

Determine a frequência energética que você quer vibrar hoje.

Comece com pensamentos que envolvam sentimentos de amor e gratidão.

Controle sua energia, só você tem o poder de se manter em altas frequências, não permitindo que algo de fora interfira dentro de você.

Desconecte-se da energia do mundo.

Comece a perceber o que te eleva e o que te suga.

# Que tal começar hoje?

Quantas segundas-feiras têm ido e vindo desde que você disse: vou começar na próxima semana!

O que você quer concretizar? Qual o seu sonho?

Comece imaginando tudo o que você deseja e aja.

Você pode começar hoje a escrever seu projeto ou iniciar aquele sonho.

Não espere estar no leito de morte para se arrepender de não ter começado antes.

As pessoas que você mais admira não esperaram, elas simplesmente fizeram.

Pessoas de sucesso se comprometem e fazem, elas criam possibilidades.

Se não agora, quando?

# Recomece

Recomeçar é mais do que uma palavra, é uma atitude de vida.

Para recomeçar, é preciso coragem, e coragem não é ausência do medo, mas ir com medo mesmo.

Em algum momento de nossas vidas, todos nós nos perdemos um pouco, mas isso não justifica a decisão de desistir.

Todo recomeço te dá a oportunidade de escrever uma nova página da sua vida, só que com mais experiência.

Recomece quantas vezes forem necessárias para que você nunca desista do seus sonhos, pois grandes inventores da história tiveram várias possibilidades que não funcionaram antes de conseguir.

Insista, persista e nunca desista.

# Releva que o tempo leva

Aprendi que o tempo cura, a mágoa passa, as vontades mudam, os desejos oscilam.

Sei que não é o "tempo", sozinho, que sara nossas feridas.

Mas é que o tempo nos faz compreender que amadurecemos e que aquela situação não nos ferirá mais como antes.

O tempo não para, não volta atrás, mas é melhor do que qualquer remédio.

Ele é sábio, nos faz esquecer o peso das nossas dificuldades.

O tempo nos mostra que amanhã será um novo dia cheio de oportunidades e que hoje será um passado que se transforma.

# O que você está dando ao mundo?

Você já deve ter ouvido a frase: "é dando que se recebe".

O mundo não precisa de contribuições muito complexas. Todos podemos ajudar com alguma coisa para tornar o mundo melhor do que está.

Comece construindo ao seu redor, ajudando e dando o que puder para as pessoas que estão próximas de você.

Podem ser ações solidárias em prol do planeta a fim de cuidar do mundo em que vivemos.

O mundo precisa de gente disposta a dar o melhor de si.

Confie em você e descubra o que tem de melhor a oferecer.

# Deixe seu legado

Já pensou qual legado você vai deixar nessa vida?

Todos temos uma história e, quando vivemos de acordo com nosso propósito de vida, fazemos a diferença na vida de alguém ou do mundo.

Deixamos uma herança de boas memórias que ficarão eternizadas por anos.

Pode ser um livro, uma invenção, caridade ou até atenção ao próximo, qualquer ato, desde que esteja no seu propósito e preencha seu coração.

Seja um exemplo, uma inspiração e ponha em ação o que está dentro do seu peito.

Como você quer que as pessoas lembrem de você tanto em vida como após a morte?

# Treine a sua mente

O cérebro procura criar hábitos para não sairmos da rotina, como uma maneira de otimizarmos energia para o corpo.

Quando você quebra esse padrão, você o treina para ficar mais hábil e flexível e desenvolve maior capacidade de lidar com a vida e com imprevistos.

Temos o hábito de ter mais pensamentos negativos do que positivos, mas isso você também pode mudar com a quebra desse padrão, deixando a mente mais forte.

Saia da rotina, mude o trajeto de casa, faça algo novo e diferente, pense positivo e programe sua mente para ficar cada vez mais sólida e desenvolver uma melhor versão de si mesma sem perder a essência.

# Desenvolva uma nova habilidade

Todos temos habilidades especiais, mas que tal aprender uma nova habilidade e descobrir que pode fazer tantas outras coisas que jamais imaginou?

Estudos comprovam que precisamos de dez mil horas de prática para uma execução perfeita, profissional.

Pode ser um esporte, instrumento musical ou uma nova habilidade.

Saia da sua zona de conforto, invista em si mesmo, aumente sua autoconfiança, acredite no seu potencial de mergulhar dentro de você e descobrir que pode fazer qualquer coisa que desejar.

Dedique-se e acontecerá.

Você é um ser de infinitas possibilidades, acredite verdadeiramente.

# Coloque-se no lugar do outro

Temos a necessidade de ser compreendidos e estarmos certos, mas não costumamos ser assim com os outros.

Empatia é a capacidade de tentar compreender os sentimentos e emoções do outro.

É se colocar no lugar do outro ao invés de julgar.

Um exercício bem fácil: quando você estiver passando por alguma dificuldade com uma pessoa, tente entender o ponto de vista dela, o real motivo que a levou a falar ou fazer determinada ação.

Pratique a arte de se colocar no lugar do outro sem moderação.

Você irá se surpreender com a mágica disso.

# Seja voluntário

Ser voluntário é quando você presta um serviço sem ser remunerado financeiramente.

Quando ajudamos o outro sem desejar nada em troca, além do simples fato de fazer de coração, isso faz tão bem para quem faz quanto para quem recebe.

Ser voluntário nos faz ver nossos problemas com uma perspectiva bem diferente, nos permitindo refletir sobre o verdadeiro significado da vida.

Temos experiências novas e pensamos "fora da caixa".

Você não precisa fazer nada muito complexo. Comece doando uma hora por semana, descubra locais que estão precisando de um apoio e apenas comece.

Encontre algo que você possa fazer e que realmente construa diferença na sua vida e na vida do outro.

Nascerá um significado profundo com essa atitude.

# Você é mais do que suficiente

Amar a si mesmo é a melhor coisa você pode fazer por si mesmo todos os dias da sua vida.

Acredite que você pode realizar todos os seus sonhos e ser quem você quiser.

Quando não se sentir bem o suficiente, lembre-se de que é normal falhar e que isso faz parte da vida de todos nós, pois só alcançamos o sucesso com os aprendizados dos nossos erros.

Você é bom o suficiente, e ninguém precisa dizer isso para você saber.

Seja você seu maior incentivador.

# Seja grato

A gratidão é o caminho mais eficaz para alguém que almeja o inexplicável.

É o sentimento mais nobre que você pode sentir pelo universo, pelas bençãos em sua vida.

A gratidão traz o perdão sincero, o amor honesto e a fé como companheira.

É agradecer por tudo aquilo que já tem e compreender que os problemas são possibilidades de crescimento, como parte do processo.

É confiar no universo, com a certeza de que você está no lugar certo na hora certa e no momento certo.

Gratidão leva você a um nível mais elevado de amor genuíno, trazendo a convicção de que mágicas acontecem na nossa vida todos os dias.

# Pratique o perdão

O perdão é o alívio da alma.

O ato de perdoar e se perdoar é a capacidade de nos livrar da raiva que está dentro do nosso coração.

O perdão mostra que todos somos iguais e que, às vezes, cometemos erros e está tudo bem.

Abra mão, deixe ir embora...

Perdoar não significa esquecer o que houve, mas aceitar que tudo acontece por alguma razão, para questionarmos qual o lado positivo disso.

Entenda que várias coisas na nossa vida são incontroláveis.

Viva a vida com mais leveza.

E você? Já perdoou alguém ou já se perdoou hoje?

# Pessoas fortes normalmente tiveram um passado difícil

A vida é uma aventura repleta de emoções.

Cada desafio, cada dificuldade que você passa, por pior que seja, te prepara para algo muito maior e grandioso na sua vida.

Inpire-se, lendo biografias de pessoas importantes da história e que fizeram a diferença no mundo.

Você vai ver que, depois do furacão, o sol sempre volta a brilhar.

Situações difíceis passam, pessoas fortes permanecem.

Não desperdice energia com o que você não controla e foque no seu objetivo.

# Permita-se chorar

Quando choramos, colocamos para fora o sentimento que nos sufoca por dentro.

Não é fraqueza chorar. É se livrar de uma emoção que não te cabe mais.

Chore, esvazie tudo o que tem dentro de você, dê a oportunidade de se preencher com sentimentos novos e cheios de esperança.

Permita-se ficar triste, mas não se entregue à tristeza.

Como diz Willian Shakespeare, "chorar é diminuir a oportunidade da dor".

Lave sua alma, chorar é para os fortes.

# Alimente-se bem

Comer, sem dúvida, é um dos maiores prazeres da vida.

Mas como diz o velho ditado: somos o que comemos.

Crie o hábito de se alimentar bem, colocando para dentro do seu corpo comidas que vão te deixar com mais energia e te ajudar a ter mais saúde.

Alimentação saudável é muito mais do que comer salada; é um estilo de vida que te possibilita viver bem e por mais tempo.

Será que não é hora de começar a pensar mais nisso?

Comece hoje mesmo a mudança que tanto deseja na sua vida.

# Assista menos TV e leia mais livros

A TV coloca a programação que deseja que você assista e determina o enfoque que você deve ter.

Com os livros, você tem a liberdade de escolher diversos olhares para os mais variados temas, enriquecendo, ainda, seu vocabulário e aumentando seu poder de imaginação.

Os livros foram escritos para nos inspirarem a qualquer momento, para nos levarem a lugares que jamais imaginamos, nos fazendo sentir como parte da história.

Pelos livros temos acesso às informações das mentes mais brilhantes que já existiram na história.

Exercitemos nossa liberdade de pensamento, nossa criatividade, via conhecimento.

# Tenha fé

Sem fé, somos meros mortais sem propósito de vida, um rio governado pelo acaso.

Ter fé significa acreditar em algo. É crer no impossível.

A fé não está associada à nenhuma religião, mas ao quanto você acredita que vai dar certo.

A fé é o caminho mais curto para a abundância e prosperidade.

Passamos por situações tão dolorosas que chegamos a duvidar da nossa fé, mas acredite: para toda situação, há uma solução e, nesse momento, a busca pela fé é a solução mágica para o impossível.

Não tenha medo, tenha fé.